| | |
|---|---|
| la escuela - skole | 2 |
| el viaje - rejse | 5 |
| el transporte - transport | 8 |
| la ciudad - by | 10 |
| el paisaje - landskab | 14 |
| el restaurante - restaurant | 17 |
| el supermercado - supermarked | 20 |
| las bebidas - drikkevarer | 22 |
| la comida - mad | 23 |
| la granja - bondegård | 27 |
| la casa - hus | 31 |
| la sala - stue | 33 |
| la cocina - køkken | 35 |
| el cuarto de baño - badeværelse | 38 |
| la habitación de los niños - børneværelse | 42 |
| la ropa - tøj | 44 |
| la oficina - kontor | 49 |
| la economía - økonomi | 51 |
| los oficios - erhverv | 53 |
| las herramientas - værktøj | 56 |
| los instrumentos musicales - musikinstrumenter | 57 |
| el zoo - zoo | 59 |
| los deportes - sport | 62 |
| las actividades - aktiviteter | 63 |
| la familia - familie | 67 |
| el cuerpo - krop | 68 |
| el hospital - sygehus | 72 |
| la urgencia - nødstilfælde | 76 |
| la tierra - Jorden | 77 |
| hora(s) - ur | 79 |
| la semana - uge | 80 |
| el año - år | 81 |
| las formas - former | 83 |
| colores - farver | 84 |
| los opuestos - modsætninger | 85 |
| los números - tal | 88 |
| los idiomas - sprog | 90 |
| quién / qué / cómo - hvem / hvad / hvordan | 91 |
| dónde - hvor | 92 |

Impressum
Verlag: BABADADA GmbH, Nedderfeld 112 , 22529 Hamburg
Geschäftsführer / Verlagsleitung: Harald Hof
Druck: Books on Demand GmbH, In de Tarpen 42, 22848 Norderstedt

Imprint
Publisher: BABADADA GmbH, Nedderfeld 112 , 22529 Hamburg, Germany
Managing Director / Publishing direction: Harald Hof
Print: Books on Demand GmbH, In de Tarpen 42, 22848 Norderstedt, Germany

# la escuela
# skole

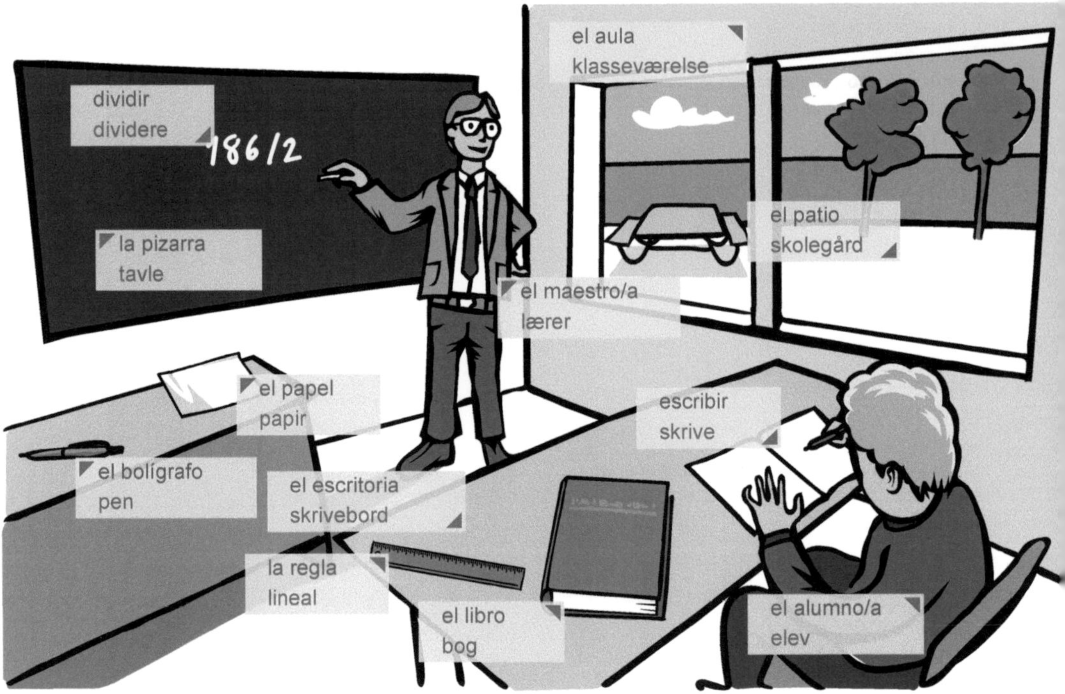
el aula
klasseværelse
dividir
dividere
186/2
la pizarra
tavle
el patio
skolegård
el maestro/a
lærer
el papel
papir
escribir
skrive
el bolígrafo
pen
el escritoria
skrivebord
la regla
lineal
el libro
bog
el alumno/a
elev

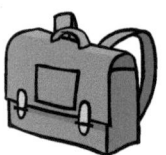

la cartera

skoletaske

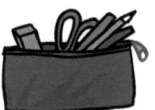

la caja de lápices

penalhus

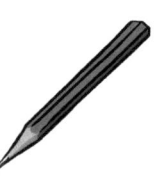

el lápiz

blyant

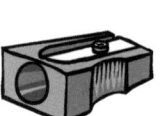

el sacapuntas

blyantspidser

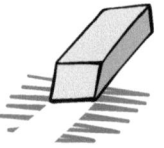

la goma de borrar

viskelæder

el cuaderno de dibujo

tegneblok

el dibujo

tegning

el pincel

pensel

la caja de pinturas

æske med vandfarver

las tijeras

saks

el pegamento

lim

el cuaderno de ejercicios

opgavehefte

los deberes

lektie

**12**

el número

tal

**2+2**

sumar

addere

**5-2**

restar

subtrahere

**2×2**

multiplicar

multiplicere

calcular

regne

**A**

la letra

bogstav

**ABCDEFG HIJKLMN OPQRSTU VWXYZ**

el alfabeto

alfabet

la palabra

ord

el texto

tekst

leer

læse

la tiza

kridt

la lección

time

el cuaderno de notas

klasseprotokol

el examen

eksamen

el certificado

karakterbog

el uniforme

skoleuniform

la educación

uddannelse

la enciclopedia

leksikon

la universidad

universitet

el microscopio

mikroskop

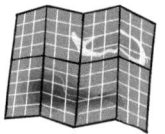

el mapa

kort

la papelera

papirkurv

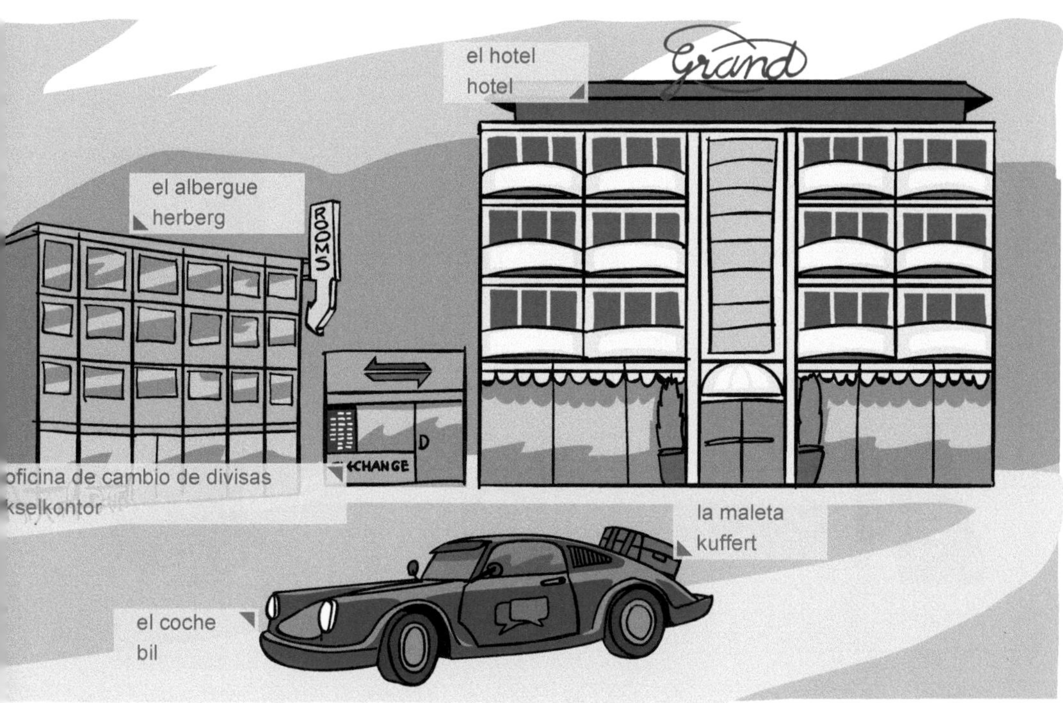

el hotel
hotel
Grand
el albergue
herberg
ROOMS
oficina de cambio de divisas
kselkontor
CHANGE
la maleta
kuffert
el coche
bil

el idioma

sprog

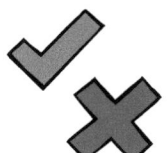

sí / no

ja / nej

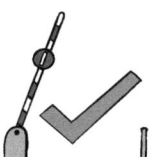

Vale

okay

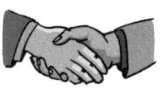

hola

hej

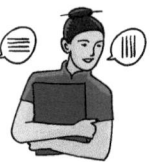

el traductor

oversætter

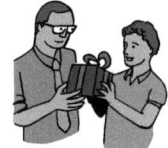

Gracias

tak

¿cuánto es...?

hvad koster...?

No entiendo

Jeg forstår ikke

el problema

problem

¡Buenas tardes!

God aften!

¡Buenos días!

God morgen!

¡Buenas noches!

God nat!

adiós

farvel

la dirección

retning

el equipaje

bagage

la bolsa

taske

la mochila

rygsæk

el invitado

gæst

la habitación

værelse

el saco de dormir

sovepose

la tienda de campaña

telt

la información turística

turistinformation

la playa

strand

la tarjeta de crédito

kreditkort

el desayuno

morgenmad

el almuerzo

middagsmad

la cena

aftensmad

el billete

billet

el ascensor

elevator

el sello

frimærke

la frontera

grænse

la aduana

told

la embajada

ambassade

la visa

visum

el pasaporte

pas

# el transporte
# transport

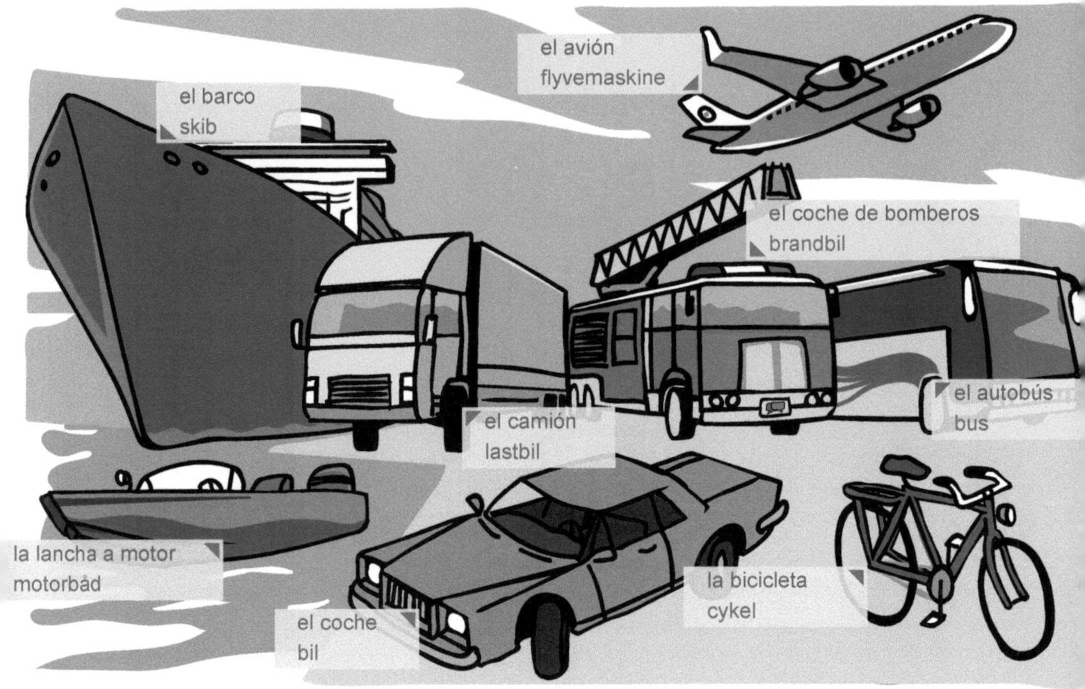
el avión
flyvemaskine
el barco
skib
el coche de bomberos
brandbil
el autobús
bus
el camión
lastbil
la lancha a motor
motorbåd
la bicicleta
cykel
el coche
bil

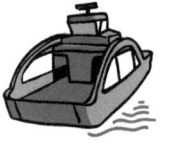

el transbordador

færge

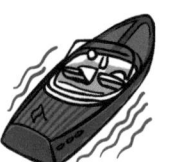

la barca

båd

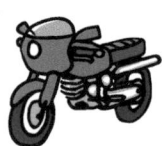

la moto

motorcykel

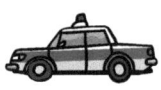

el coche de policía

politibil

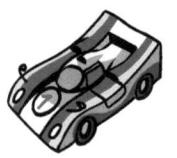

el coche de carreras

racerbil

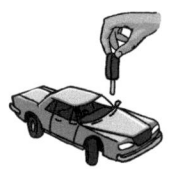

el coche de alquiler

lejebil

el préstamo de vehículos

samkørsel

la grúa

kranbil

el camión de la basura

skraldebil

el motor

motor

la gasolina

benzin

la gasolinera

tankstation

la señal de tráfico

trafikskilt

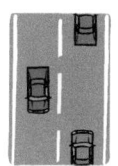

el tráfico

trafik

el atasco

trafikprop

el aparcamiento

parkeringsplads

la estación de tren

banegård

las vías

skinner

el tren

tog

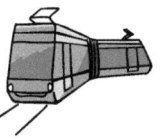

el tranvía

sporvogn

el vagón

wagon

el transporte - transport

el helicóptero

helikopter

el aeropuerto

lufthavn

la torre

tårn

el pasajero

passager

el contenedor

container

la caja de cartón

karton

la carretilla

kærre

la cesta

kurv

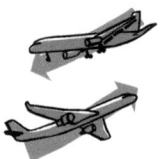

despegar / aterrizar

starte / lande

## la ciudad

## by

el pueblo

landsby

el centro de la ciudad

bymidte

la casa

hus

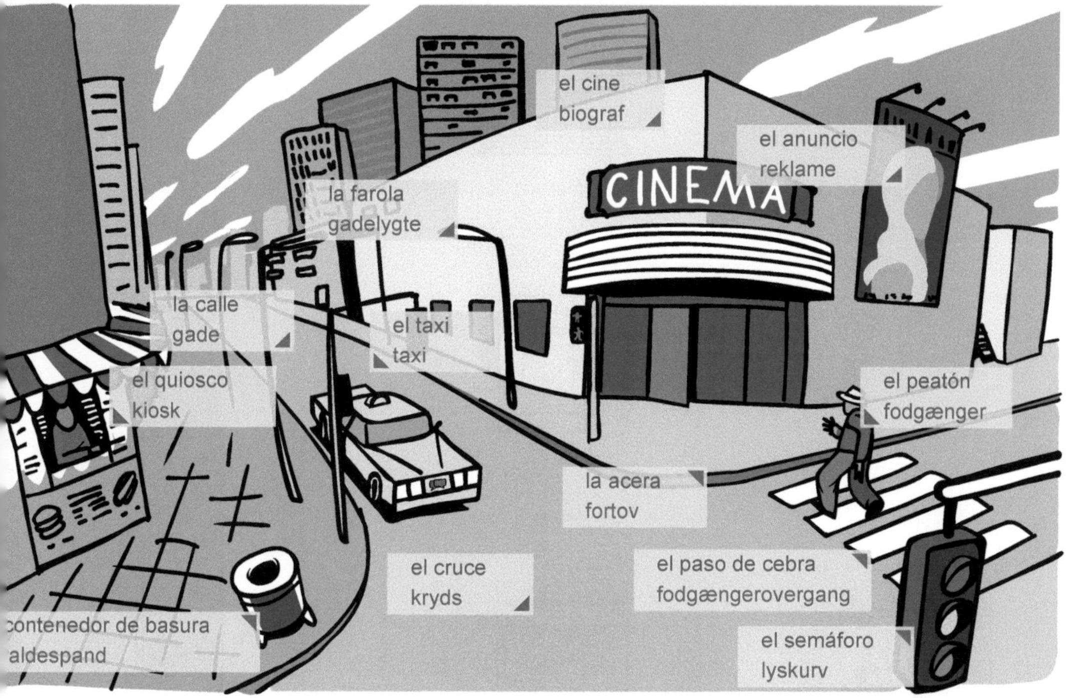

el cine
biograf

el anuncio
reklame

la farola
gadelygte

CINEMA

la calle
gade

el taxi
taxi

el quiosco
kiosk

el peatón
fodgænger

la acera
fortov

el cruce
kryds

el paso de cebra
fodgængerovergang

contenedor de basura
aldespand

el semáforo
lyskurv

la cabaña
................
hytte

el apartamento
................
lejlighed

la estación de tren
................
banegård

el ayuntamiento
................
rådhus

el museo
................
museum

la escuela
................
skole

la universidad

universitet

el banco

bank

el hospital

sygehus

el hotel

hotel

la farmacia

apotek

la oficina

kontor

la librería

boghandel

la tienda de campaña

butik

la floristería

blomsterbutik

el supermercado

supermarked

el mercado

marked

los grandes almacenes

stormagasin

la pescadería

fiskehandler

el centro comercial

butikscenter

el puerto

havn

la ciudad  -  by

el parque

park

el banco

bænk

el puente

bro

las escaleras

trappe

el metro

undergrundsbane

el túnel

tunnel

la parada de autobús

busstoppested

el bar

barnevogn

el restaurante

restaurant

el buzón

postkasse

el poste indicador

vejskilt

el parquímetro

parkometer

el zoo

zoo

la piscina

badeanstalt

la mezquita

moske

la granja

bondegård

la contaminación

miljøforurening

el cementerio

kirkegård

la iglesia

kirke

el patio de juego

legeplads

el templo

tempel

## el paisaje
## landskab

la hoja
blad

la señal
vejviser

el camino
vej

el prado
eng

la piedra
sten

el árbol
træ

el excursionista
vandrer

el río
flod

la hierba
græs

la flor
blomst

el valle
dal

la colina
bjerg

el lago
sø

el bosque
skov

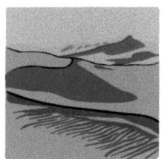

el desierto
ørken

el volcán
vulkan

el castillo
slot

el arcoíris
regnbue

el champiñón
svamp

la palmera
palme

el mosquito
moskito

la mosca
flue

la hormiga
myre

la abeja
bi

la araña
edderkop

el paisaje  -  landskab

el escarabajo

bille

la rana

frø

la ardilla

egern

el erizo

pindsvin

la liebre

hare

la lechuza

ugle

el pájaro

fugl

el cisne

svane

el jabalí

vildsvin

el ciervo

hjort

el alce

elg

la presa

dæmning

la turbina eólica

vindmølle

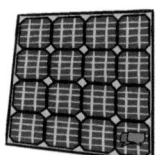

el panel solar

solcellemodul

el clima

klima

el camarero
tjener

el menú
spisekort

la silla
stol

la sopa
suppe

la pizza
pizza

la cubertería
bestik

el mantel
borddug

el primer plato

forret

el plato principal

hovedret

el postre

dessert

las bebidas

drikkevarer

la comida

mad

la botella

flaske

la comida rápida

fastfood

la comida callejera

streetfood

la tetera

tekande

el azucarero

sukkerdåse

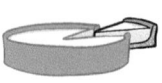

la porción

portion

la cafetera expreso

espressomaskine

la trona

barnestol

la cuenta

faktura

la bandeja

tablet

el cuchillo

kniv

el tenedor

gaffel

la cuchara

ske

la cucharilla

teske

la servilleta

serviet

el vaso

glas

el plato

tallerken

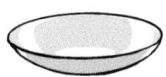

el plato hondo

dyb tallerken

el platillo

underkop

la salsa

sovs

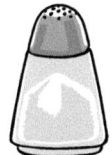

el salero

saltbøsse

el molinillo de pimienta

peberkværn

el vinagre

eddike

el aceite

olie

las especias

krydderier

el ketchup

ketchup

la mostaza

sennep

la mayonesa

mayonnaise

# el supermercado
# supermarked

la oferta especial
tilbud
FOR
el cliente
kunde
los lácteos
mælkeprodukter
la fruta
frugt
el carro de compra
indkøbsvogn


BUTCHERS


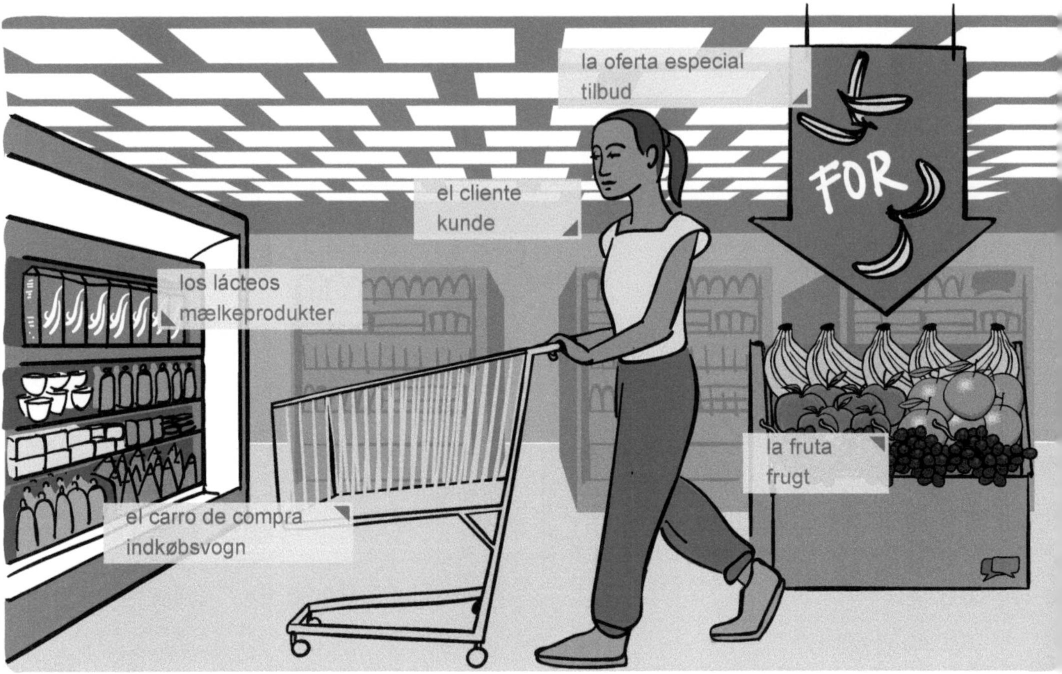

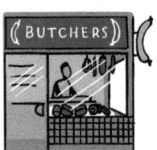

la carniceria

slagter

BAKERY


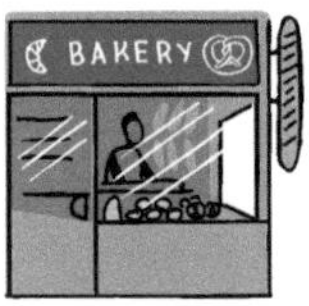

la panadería

bageri

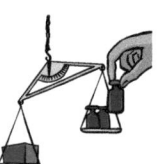

pesar

veje

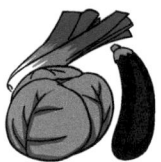

las verduras

grøntsager

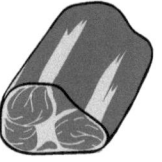

la carne

kød

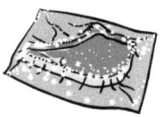

los alimentos congelados

frostvarer

los fiambres

pålæg

las conservas

konserves

el detergente en polvo

vaskemiddel

los dulces

slik

productos de uso doméstico

husholdningsvarer

productos de limpieza

rengøringsmidler

la vendedora

ekspedient

la caja de cartón

kasse

el cajero

kasserer

la lista de la compra

indkøbsliste

el horario de atención al público

åbningstider

la cartera

tegnebog

la tarjeta de crédito

kreditkort

la bolsa de plástico

taske

la bolsa de plástico

plasticpose

el supermercado - supermarked

el agua

vand

el zumo

saft

la leche

mælk

la cola

cola

el vino

vin

la cerveza

øl

el alcohol

alkohol

el cacao

kakao

el té

te

el café

kaffe

el expreso

espresso

el capuchino

cappuccino

el plátano

banan

la manzana

æble

la naranja

appelsin

el melón

melon

el limón

citron

la zanahoria

gulerod

el ajo

hvidløg

el bambú

bambus

la cebolla

løg

el champiñón

svamp

las avellanas

nødder

los fideos

nudler

las espagueti

spaghetti

el arroz

ris

la ensalada

salat

las patatas fritas

pomfritter

las patatas fritas

stegte kartofler

la pizza

pizza

la hamburguesa

hamburger

el sándwich

sandwich

el filete

schnitzel

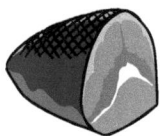

el jamón

skinke

le salami

salami

la salchicha

pølse

el pollo

kylling

el asado

steg

el pescado

fisk

los copos de avena

havregryn

el muesli

mysli

los copos de maíz

cornflakes

la harina

mel

el cruasán

croissant

el panecillo

rundstykke

el pan

brød

la tostada

toast

las galletas

kiks

la mantequilla

smør

la cuajada

kvark

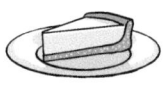

el pastel

kage

el huevo

æg

el huevo frito

spejlæg

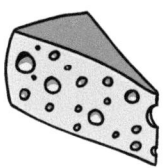

el queso

ost

el helado

is

el azúcar

sukker

la miel

honning

la mermelada

marmelade

la crema de turrón

nougat-creme

el curry

karry

la comida - mad

la granja
bondehus

el granero
skur

el fardo de paja
halmballer

el campo
mark

el caballo
hest

el remolque
anhænger

el potro
føl

el tractor
traktor

el burro
æsel

la oveja
får

el cordero
lam

la cabra
ged

la vaca
ko

el ternero
kalv

el cerdo
svin

el cerdito
gris

el toro
tyr

el ganso
gås

el pato
and

el pollo
kylling

la gallina
høne

el gallo
hane

la rata
rotte

el gato
kat

el ratón
mus

el buey
okse

el perro
hund

la perrera
hundehus

la manguera
haveslange

la regadera
vandkande

la guadaña
le

el arado
plov

la granja - bondegård

la hoz

segl

la azada

hakkejern

la horca

møggreb

el hacha

økse

la carretilla

trillebør

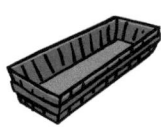

el abrevadero

trug

la lechera

mælkekande

el saco

sæk

la valla

hæk

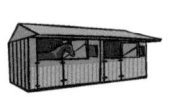

el establo

stald

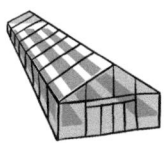

el invernadero

drivhus

el suelo

jord

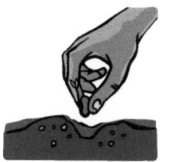

la semilla

frø

el fertilizador

gødning

la cosechadora

mejetærsker

la granja - bondegård

cosechar

høste

la cosecha

høst

el ñame

yams

el trigo

hvede

el soja

soja

la patata

kartoffel

el maíz

majs

la semilla de colza

raps

el árbol frutal

frugttræ

la mandioca

maniok

las cereales

korn

# la casa
# hus

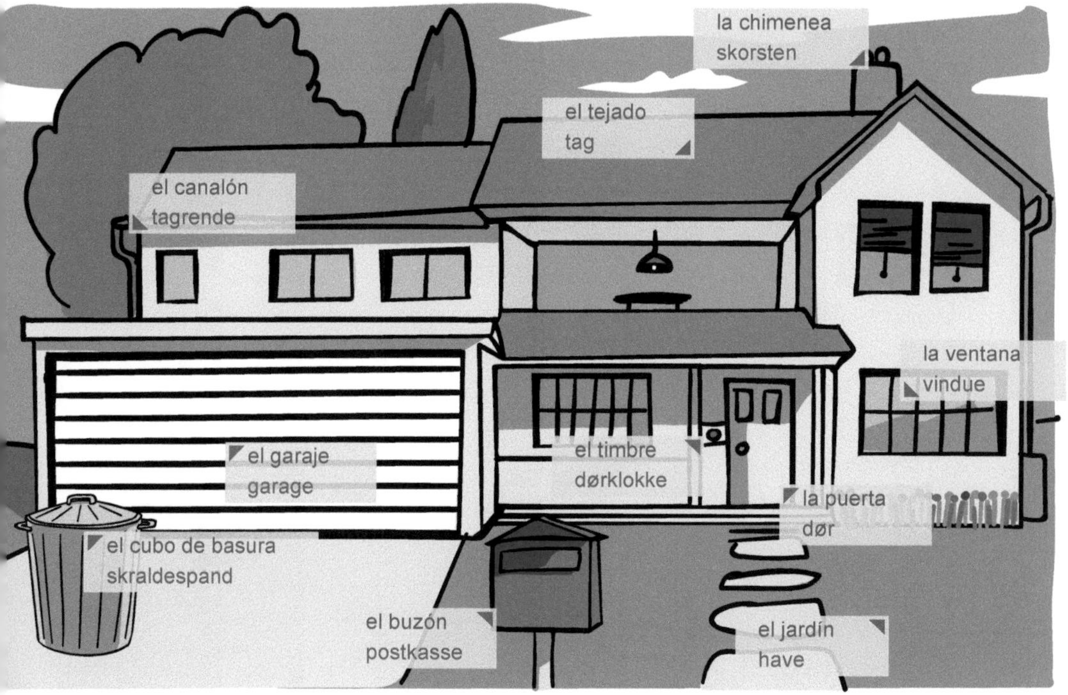

la chimenea
skorsten
el tejado
tag
el canalón
tagrende
la ventana
vindue
el timbre
dørklokke
el garaje
garage
la puerta
dør
el cubo de basura
skraldespand
el buzón
postkasse
el jardín
have


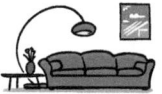

la sala

stue

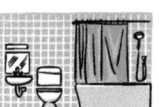

el cuarto de baño

badeværelse

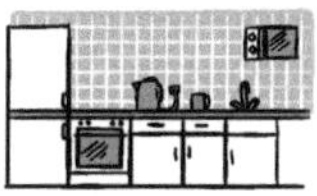

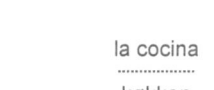

la cocina

køkken

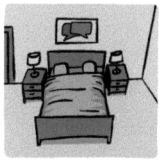

el dormitorio

soveværelse

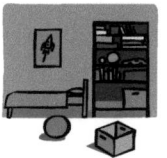

la habitación de los niños

børneværelse

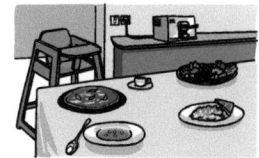

el comedor

spisestue

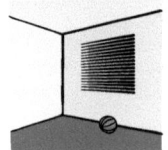

el suelo
gulv

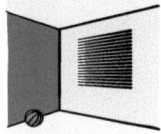

la pared
væg

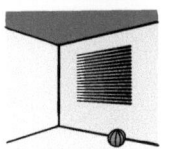

el techo
loft

el sótano
kælder

la sauna
sauna

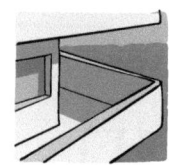

el balcón
altan

la terraza
terrasse

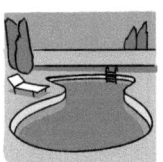

la piscina
svømmehal

el cortacésped
plæneklipper

la sábana
dynebetræk

la colcha
dyne

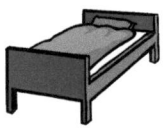

la cama
seng

la escoba
kost

el balde
spand

el interruptor
kontakt

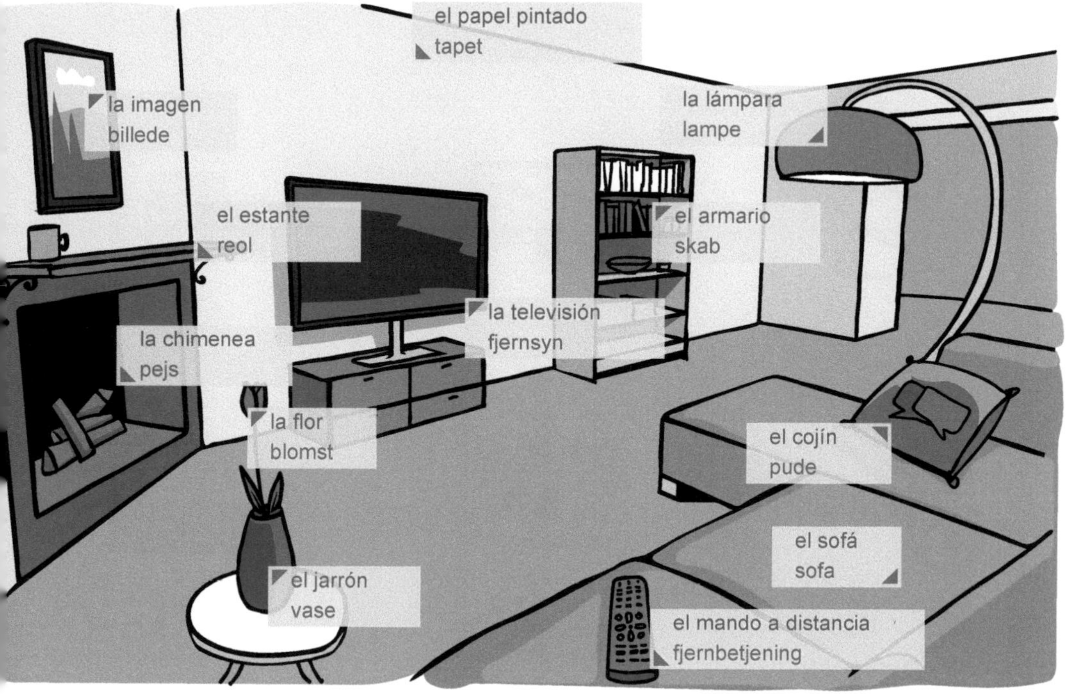

el papel pintado
tapet

la imagen
billede

la lámpara
lampe

el estante
reol

el armario
skab

la chimenea
pejs

la televisión
fjernsyn

la flor
blomst

el cojín
pude

el sofá
sofa

el jarrón
vase

el mando a distancia
fjernbetjening

la alfombra
gulvtæppe

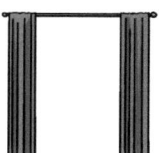

la cortina
gardin

la mesa
bord

la silla
stol

el mecedora
gyngestol

la butaca
lænestol

el libro

bog

la manta

tæppe

la decoración

dekoration

la leña

brænde

la película

film

el equipo de música

stereoanlæg

la llave

nøgle

el periódico

avis

la pintura

maleri

el póster

plakat

la radio

radio

el cuaderno

notesblok

la aspiradora

støvsuger

el cactus

kaktus

la vela

lys

# la cocina
# køkken

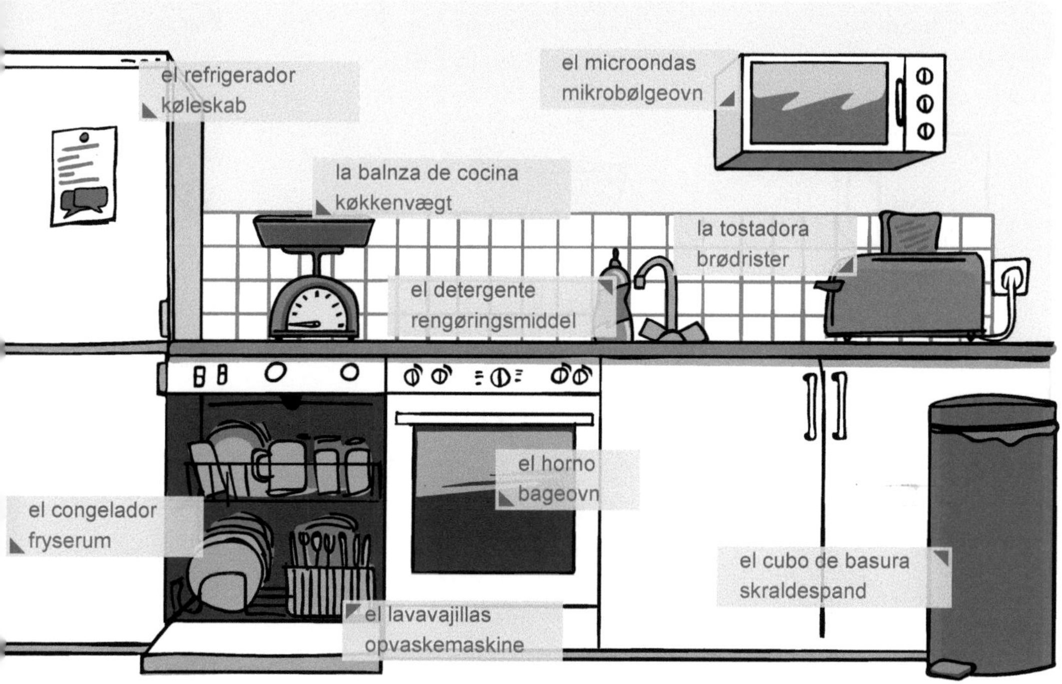

el refrigerador
køleskab
el microondas
mikrobølgeovn
la balnza de cocina
køkkenvægt
la tostadora
brødrister
el detergente
rengøringsmiddel
el horno
bageovn
el congelador
fryserum
el cubo de basura
skraldespand
el lavavajillas
opvaskemaskine


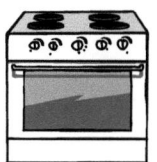

la olla a presión

komfur

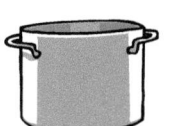

la olla

gryde

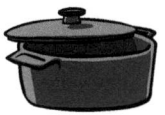

la olla de hierro fundido

jerngryde

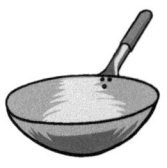

el wok

wok / kadai

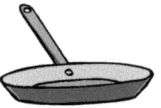

la cazuela

pande

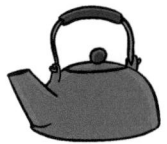

el hervidor

elkedel

la vaporera

dampkoger

la chapa de horno

bageplade

la vajilla

service

la taza

bæger

el tazón

skål

los palillos

spisepinde

el cucharón

øseske

la espumadera

paletkniv

el batidor

piskeris

el colador

dørslag

el cedazo

si

el rallador

rive

el mortero

morter

la barbacoa

grille

la hoguera

ildsted

la tabla de picar

skærebræt

el rodillo

kagerulle

el sacacorchos

proptrækker

la lata

dåse

el abrelatas

dåseåbner

el agarrador

grydelap

el lavabo

køkkenvask

el cepillo

børste

la esponja

svamp

la batidora

blender

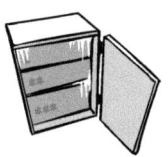

el congelador

dybfryser

el biberón

sutteflaske

el grifo

vandhane

# el cuarto de baño

# badeværelse

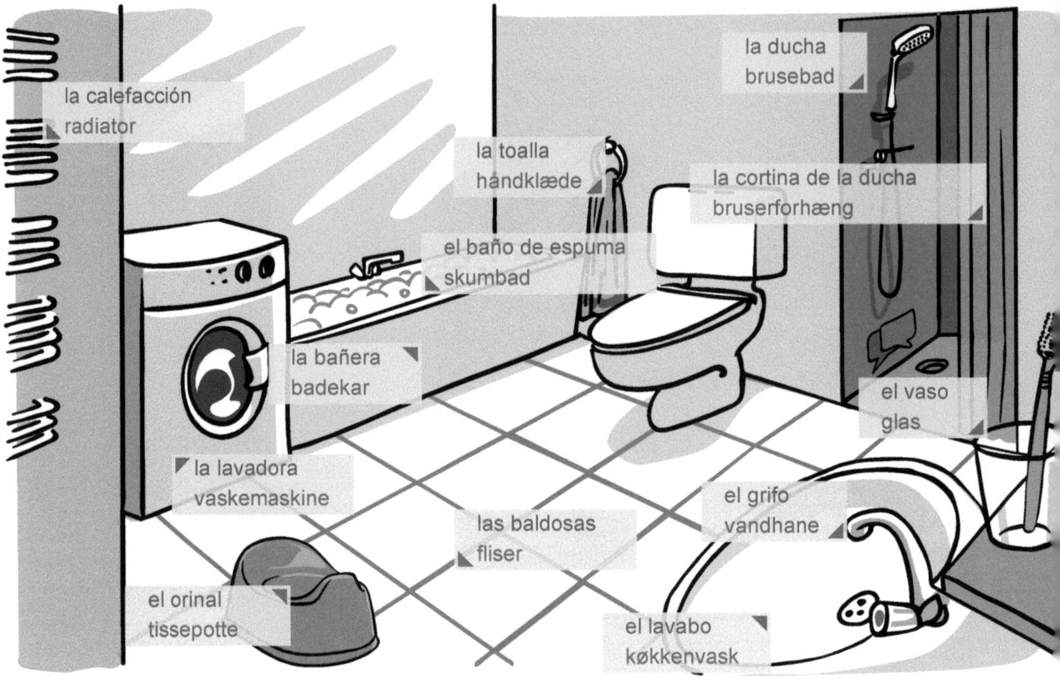
la calefacción
radiator
la ducha
brusebad
la toalla
håndklæde
la cortina de la ducha
bruserforhæng
el baño de espuma
skumbad
la bañera
badekar
el vaso
glas
la lavadora
vaskemaskine
el grifo
vandhane
las baldosas
fliser
el orinal
tissepotte
el lavabo
køkkenvask

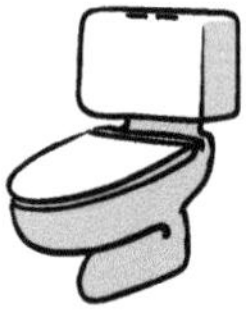

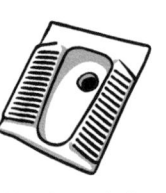

el inodoro

toilet

el inodoro rústico

hugsiddende toilet

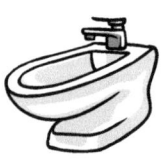

el bidé

bidet

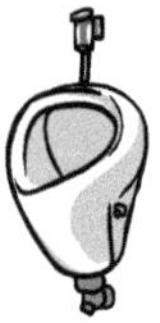

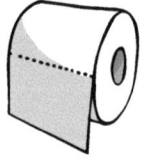

el urinario

pissoir

el papel higiénico

toiletpapir

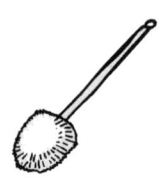

la escobilla del váter

toiletbørste

el cepillo de dientes

tandbørste

la pasta de dientes

tandpasta

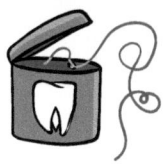

el hilo dental

tandtråd

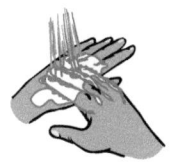

lavar

vaske

la ducha de mano

håndbruser

la ducha íntima

intimbruser

la pila

vaskefad

el cepillo de espalda

badebørste

el jabón

sæbe

el gel de ducha

brusegele

el champú

shampoo

la toallita

vaskeklud

el desagüe

afløb

la crema

creme

el desodorante

deodorant

el espejo

spejl

el espejo de tocador

kosmetikspejl

la maquinilla de afeitar

barberhøvl

la espuma de afeitar

barberskum

la loción postafeitado

barbervand

el peine

kam

el cepillo

børste

el secador

hårtørrer

la laca

hårspray

el maquillaje

makeup

el pintalabios

læbestift

el pintauñas

neglelak

el algodón

vat

el cortauñas

neglesaks

el perfume

parfume

el estuche de viaje

toilettaske

la banqueta

skammel

la balanza

vægt

el albornoz

badekåbe

los guantes de goma

gummihandsker

el tampón

tampon

la compresa

damebind

el inodoro químico

kemisk toilet

# la habitación de los niños

## børneværelse

el despertador
vækkeur
el peluche
bamse
el coche de juguete
legetøjsbil
el sonajero
skralde
la casa de muñecas
dukkehus
el regalo
gave


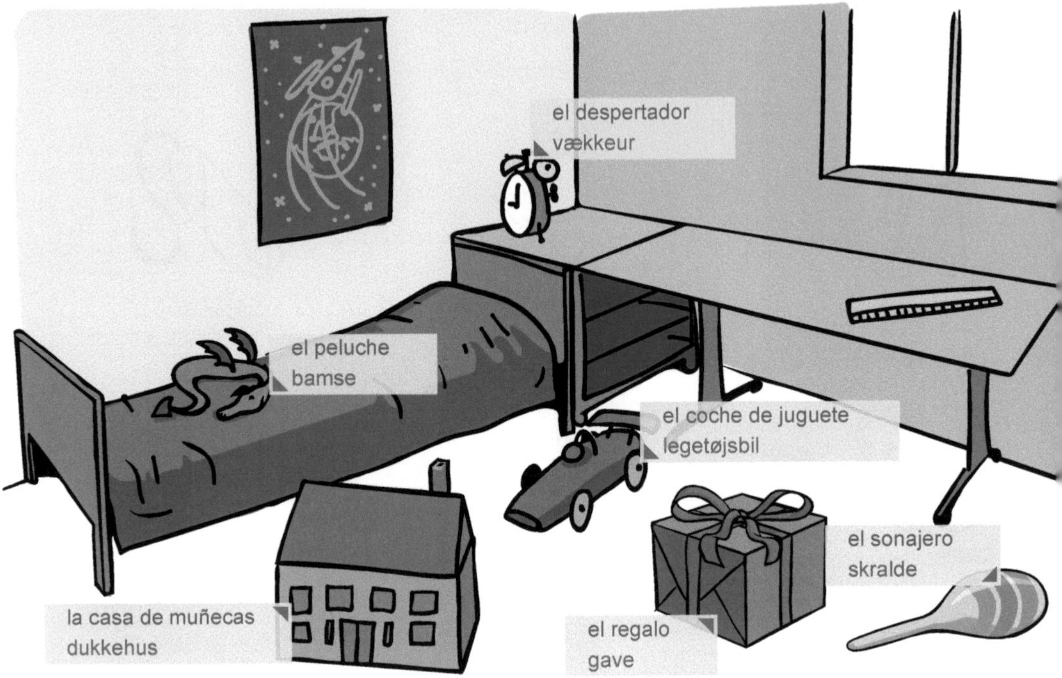

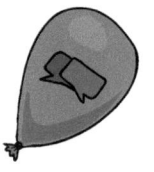

el globo

ballon

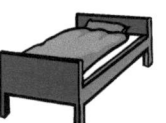

la cama

seng

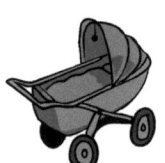

el coche de niño

barnevogn

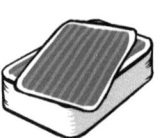

los naipes

kortspil

el puzle

puslespil

SUPER MEGA


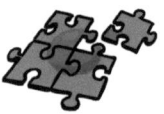

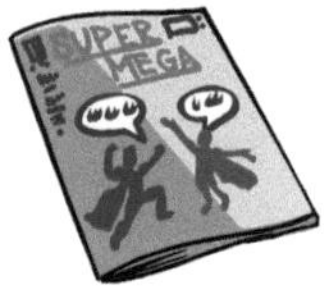

el tebeo

tegneserie

las piezas de lego

legoklodser

los bloques de juguete

byggeklodser

la figura de acción

action figur

el bodi (de bebé)

sparkedragt

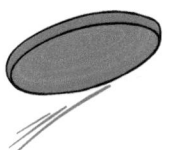

el frisbee

frisbee

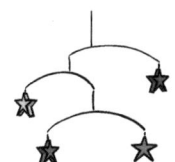

el colgador móvil para bebés

uro

el juego de mesa

brætspil

los dados

terning

el circuito de tren eléctrico

modeljernbane

el maniquí

sut

la fiesta

fest

el álbum de fotos

billedbog

la pelota

bold

la muñeca

dukke

jugar

lege

el cajón de arena

sandkasse

el columpio

gynge

los juguetes

legetøj

la videoconsola

spillekonsol

el triciclo

trehjulet cykel

el oso de peluche

bamse

la guardarropa

klædeskab

## la ropa

## tøj

los calcetines

sokker

las medias

strømper

los leotardos

strømpebukser

la bufanda
sjal

el paraguas
paraply

la camiseta
T-shirt

el cinturón
bælte

las botas
støvler

las zapatillas
hjemmesko

las deportivas
sneakers

las sandalias
sandaler

los zapatos
sko

las botas de goma
gummistøvler

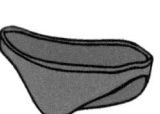

el slip
underbukser

el sostén
BH

el chaleco
undertrøje

la ropa - tøj

**el bodi**
body

**los pantalones cortos**
bukser

**los vaqueros**
jeans

**la falda**
nederdel

**la blusa**
bluse

**la camisa**
skjorte

**el jersey**
pullover

**el suéter**
sweatshirt

**el blazer**
blazer

**la chaqueta**
jakke

**el abrigo**
frakke

**la gabardina**
regnfrakke

**el traje**
kostume

**el vestido**
kjole

**el vestido de novia**
brudekjole

el traje

jakkesæt

el camisón

nattrøje

el pijama

pyjamas

el sati

sari

el bandana

hovedtørklæde

el turbante

turban

la burka

burka

el caftán

kaftan

la abaya

abaya

el traje de baño

badedragt

el bañador

badebukser

los pantalones cortos

korte bukser

el chándal

træningsdragt

el delantal

forklæde

los guantes

handsker

el botón

knap

las gafas

briller

el brazalete

armbånd

el collar

kæde

el anillo

ring

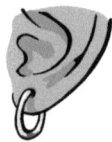

el pendiente

ørering

la gorra

hue

la percha

bøjle

el sombrero

hat

la corbata

slips

la cremallera

lynlås

el casco

hjelm

los tirantes

seler

el uniforme

skoleuniform

el uniforme

uniform

el babero

hagesmæk

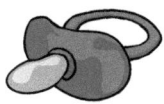

el maniquí

sut

el pañal

ble

## la oficina
## kontor

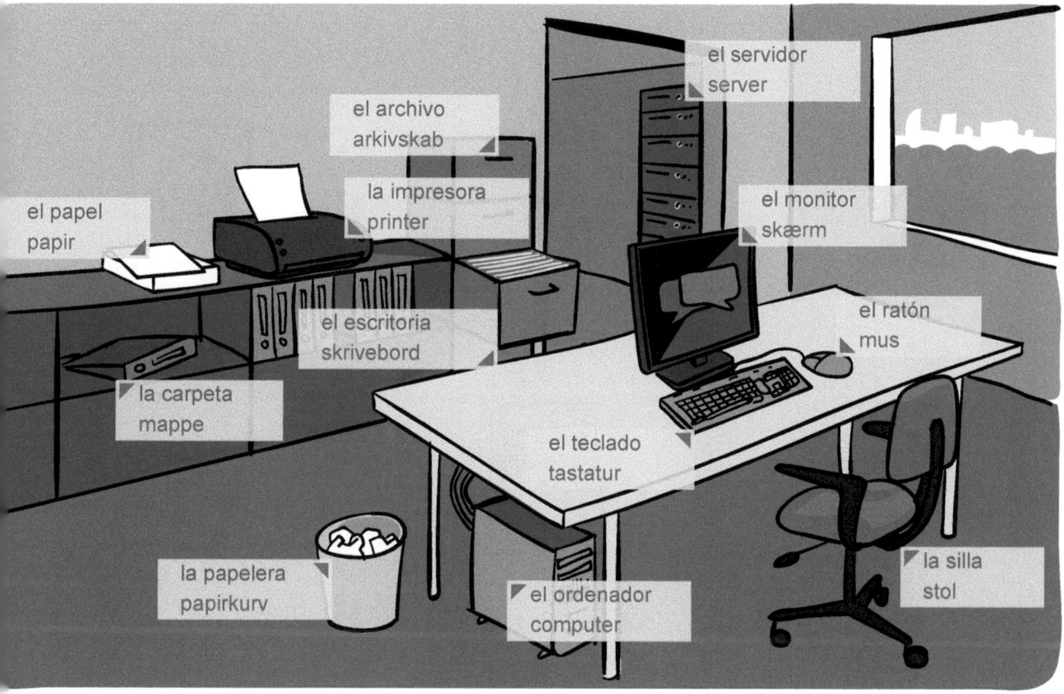

el servidor
server

el archivo
arkivskab

la impresora
printer

el papel
papir

el monitor
skærm

el escritoria
skrivebord

el ratón
mus

la carpeta
mappe

el teclado
tastatur

la papelera
papirkurv

la silla
stol

el ordenador
computer

la taza de café

kaffekrus

la calculadora

lommeregner

el internet

internet

el portátil

bærbar

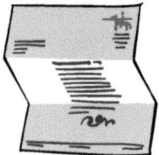

la carta

brev

el mensaje

besked

el móvil

mobil

la red

netværk

la fotocopiadora

kopimaskine

el software

software

el teléfono

telefon

la toma de corriente

stikdåse

el fax

fax

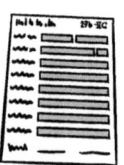

el formulario

formular

el documento

dokument

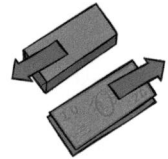

comprar
købe

pagar
betale

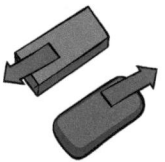

comerciar
handle

el dinero
penge

 **USD**

el dólar
dollar

 **EUR**

el euro
euro

 **JPY**

el yen
yen

 **RUB**

el rublo
rubel

 **CHF**

el franco suizo
schweizerfranc

 **CNY**

el renminbi yuan
renminbi yuan

 **INR**

la rupia
rupee

el cajero automático
hæveautomat

la oficina de cambio de divisas
vekselkontor

el oro
guld

la plata
sølv

el petróleo
olie

la energía
energi

el precio
pris

el contrato
kontrakt

el impuesto
skat

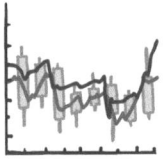

la acción
aktie

trabajar
arbejde

el empleador
ansat

el empleador
arbejdsgiver

la fábrica
fabrik

la tienda de campaña
butik

# los oficios
# erhverv

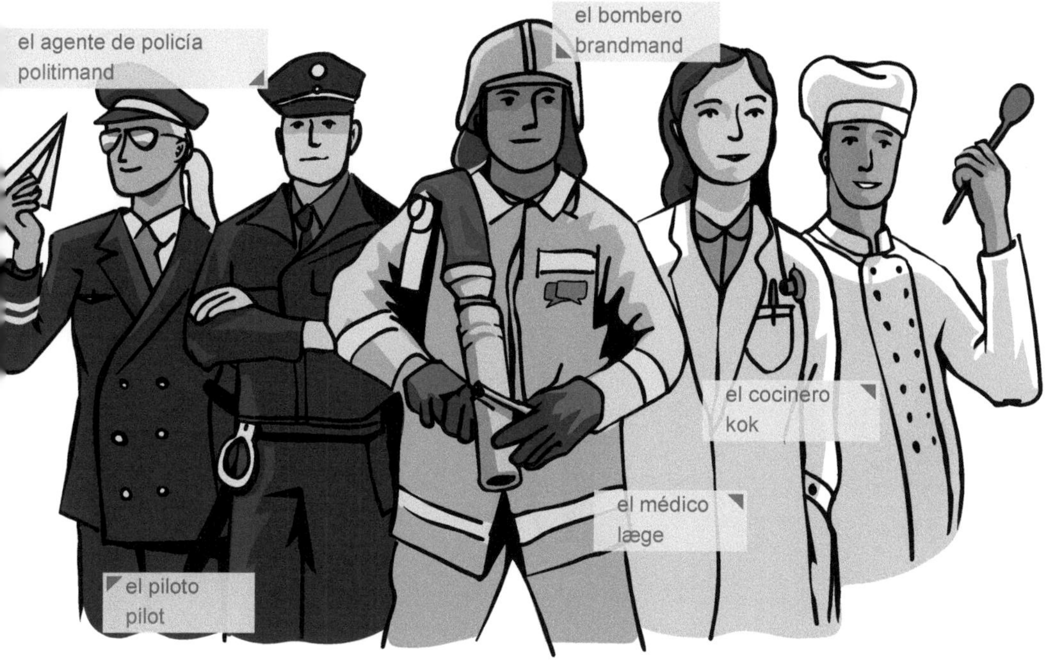

el agente de policía
politimand
el bombero
brandmand
el cocinero
kok
el médico
læge
el piloto
pilot


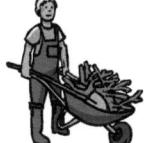

el jardinero

gartner

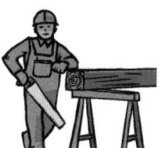

el carpintero

tømrer

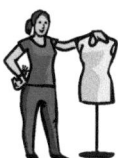

la costurera

syerske

el juez

dommer

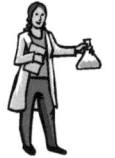

el farmacéutico

kemiker

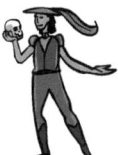

el actor

skuespiller

el conductor de autobús

buschauffør

el taxista

taxachauffør

el pescador

fisker

la señora de la limpieza

rengøringskone

el techador

tagdækker

el camarero

tjener

el cazador

jæger

el pintor

maler

el panadero

bager

el electricista

elektriker

el obrero

bygningsarbejder

el ingeniero

ingeniør

el carnicero

slagter

el fontanero

vvs-mand

el cartero

postbud

el soldado

soldat

el arquitecto

arkitekt

el cajero

kasserer

el florista

blomsterhandler

el peluquero

frisør

el revisor

togfører

el mecánico

mekaniker

el capitán

kaptajn

el dentista

tandlæge

el científico

videnskabsmand

el rabino

rabbiner

el imán

imam

el monje

munk

el sacerdote

præst

# las herramientas

## værktøj

los alicates
tang
el martillo
hammer
el destornillador
skruedrejer
la linterna
lommelygte
la llave
skruenøgle


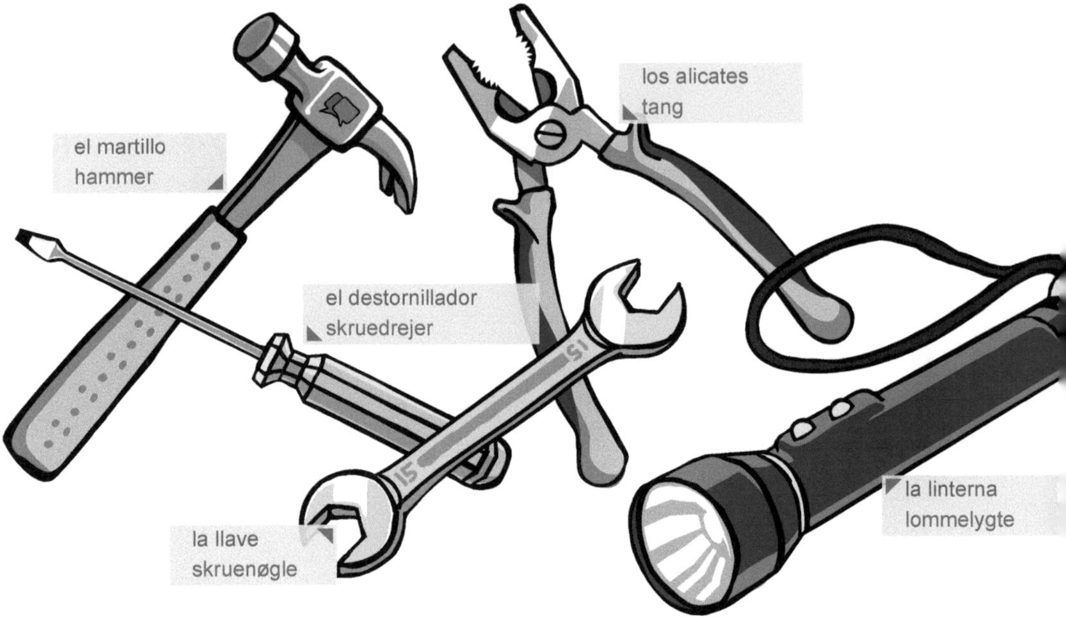

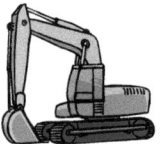

la excavadora

gravemaskine

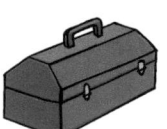

la caja de herramientas

værktøjskasse

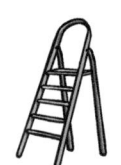

la escalera de mano

stige

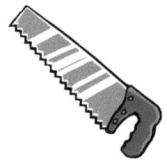

la sierra

sav

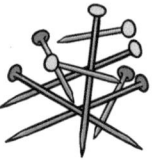

los clavos

søm

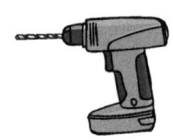

el taladro

bor

reparar
...................
reparere

la pala
...................
skovl

¡Maldita sea!
...................
Lort!

el recogedor
...................
fejebakke

el bote de pintura
...................
malerspand

los tornillos
...................
skruer

# los instrumentos musicales
## musikinstrumenter

el altavoz
højttaler

la batería
trommer

la guitarra
guitar

el contrabajo
kontrabas

la trompeta
trompet

el piano

klaver

el violín

violin

bajo

bas

los timbales

pauke

el tambor

tromme

el teclado

keyboard

el saxofón

saxofon

la flauta

fløjte

el micrófono

mikrofon

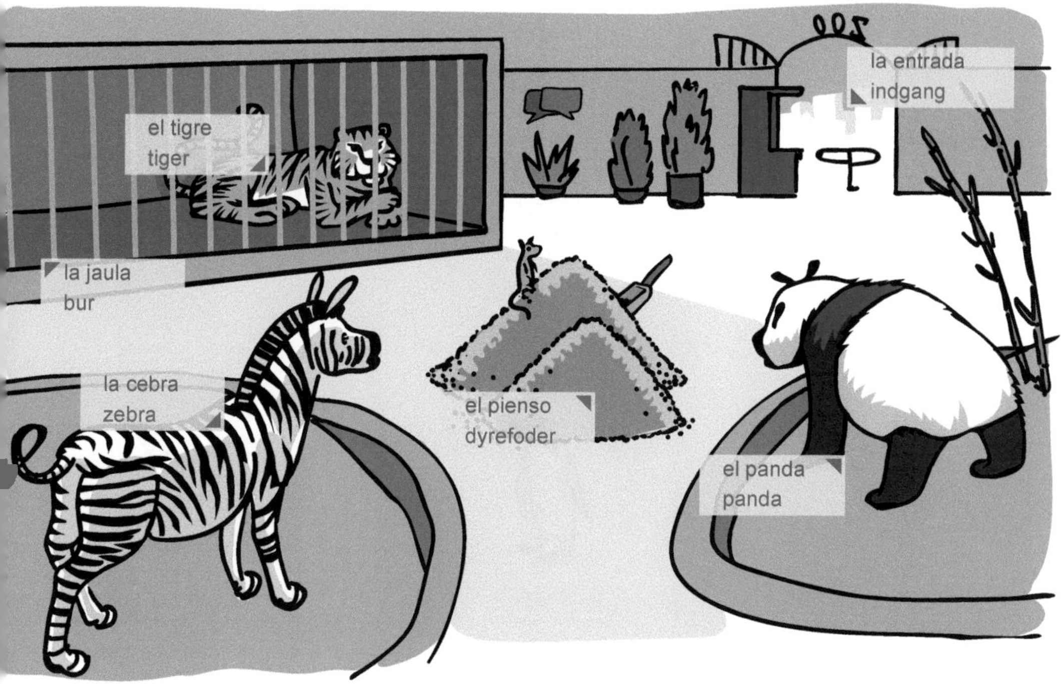

el tigre
tiger

la entrada
indgang

la jaula
bur

la cebra
zebra

el pienso
dyrefoder

el panda
panda

los animales
dyr

el elefante
elefant

el canguro
kænguru

el rinoceronte
næsehorn

el gorila
gorilla

el oso
bjørn

el camello

kamel

el avestruz

struds

el león

løve

el mono

abe

el flamingo

flamingo

el loro

papegøje

el oso polar

isbjørn

el pingüino

pingvin

el tiburón

haj

el pavo real

påfugl

la serpiente

slange

el cocodrilo

krokodille

el guardián de zoológico

dyrepasser

la foca

sæl

el jaguar

jaguar

el poni

pony

el leopardo

leopard

el hipopótamo

flodhest

la jirafa

giraf

el águila

ørn

el jabalí

vildsvin

el pescado

fisk

la tortuga

skildpadde

la morsa

hvalros

el zorro

ræv

la gacela

gazelle

el fútbol americano
amerikansk football

el ciclismo
cykling

el tenis
tennis

el baloncesto
basketball

la natación
svømning

el boxeo
boksning

el hockey sobre hielo
ishockey

el fútbol

fodbold

el bádminton

badminton

el atletismo

atletik

el balonmano

håndbold

el esquí

skiløb

el polo

polo

# las actividades
## aktiviteter

reír
grine
saltar
springe
abrazar
give et knus
caminar
gå
cantar
synge
soñar
drømme
rezar
bede
besar
kysse


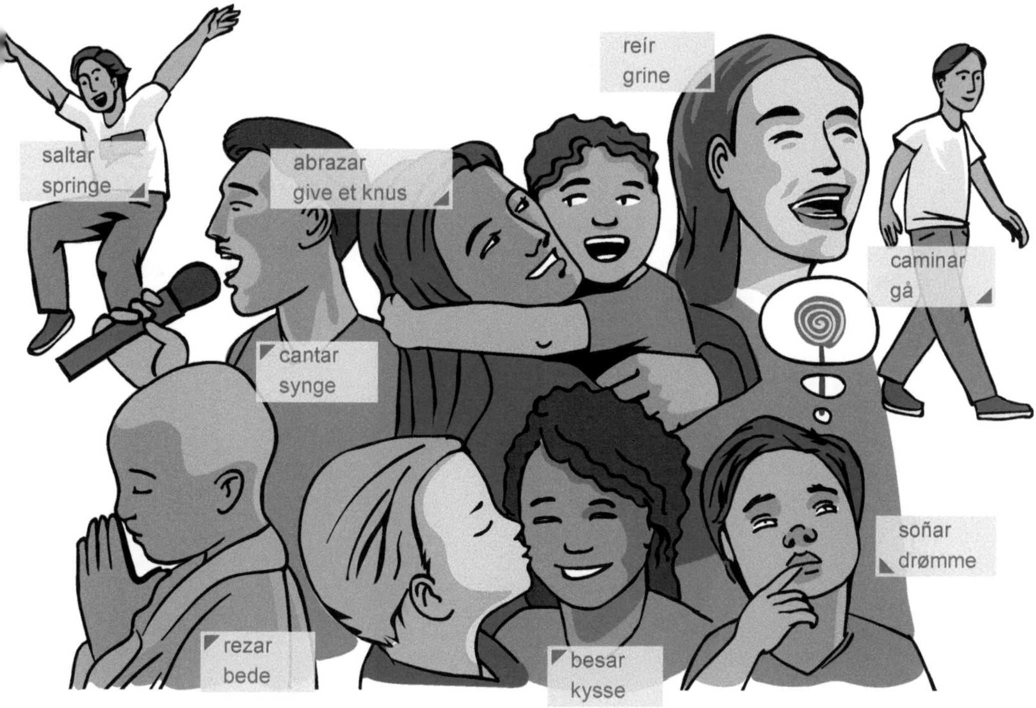

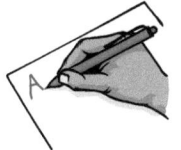

escribir

skrive

dibujar

tegne

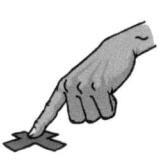

mostrar

vise

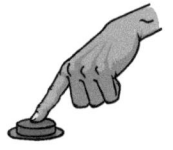

empujar

skubbe

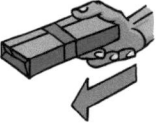

dar

give

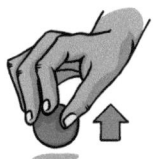

tomar

tage

tener
have

hacer
gøre

ser
være

estar de pie
stå

correr
løbe

tirar
trække

tirar
kaste

caer
falde

yacer
ligge

esperar
vente

llevar
bære

estar sentado
sidde

vestirse
tage på

dormir
sove

despertar
vågne

mirar

se på

llorar

græde

acariciar

ae

peinar

kæmme

hablar

tale

entender

forstå

preguntar

spørge

escuchar

høre

beber

drikke

comer

spise

ordenar

rydde op

amar

elske

cocinar

koge

conducir

køre

volar

flyve

navegar
sejle

calcular
regne

leer
læse

aprender
lære

trabajar
arbejde

casarse
gifte sig med

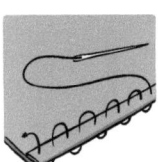

coser
sy

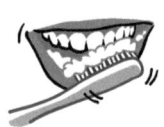

cepillarse los dientes
børste tænder

matar
dræbe

fumar
ryge

enviar
sende

la abuela
bedstemor

el abuelo
bedstefar

el padre
far

la madre
mor

el bebé
baby

la hija
datter

el hijo
søn

el invitado

gæst

la tía

tante

el tío

onkel

el hermano

bror

la hermana

søster

# el cuerpo

# krop

la frente
pande
el ojo
øje
el hombro
skulder
el dedo
finger
la cara
ansigt
la barbilla
hage
la mano
hånd
la pierna
ben
el pecho
bryst
el brazo
arm


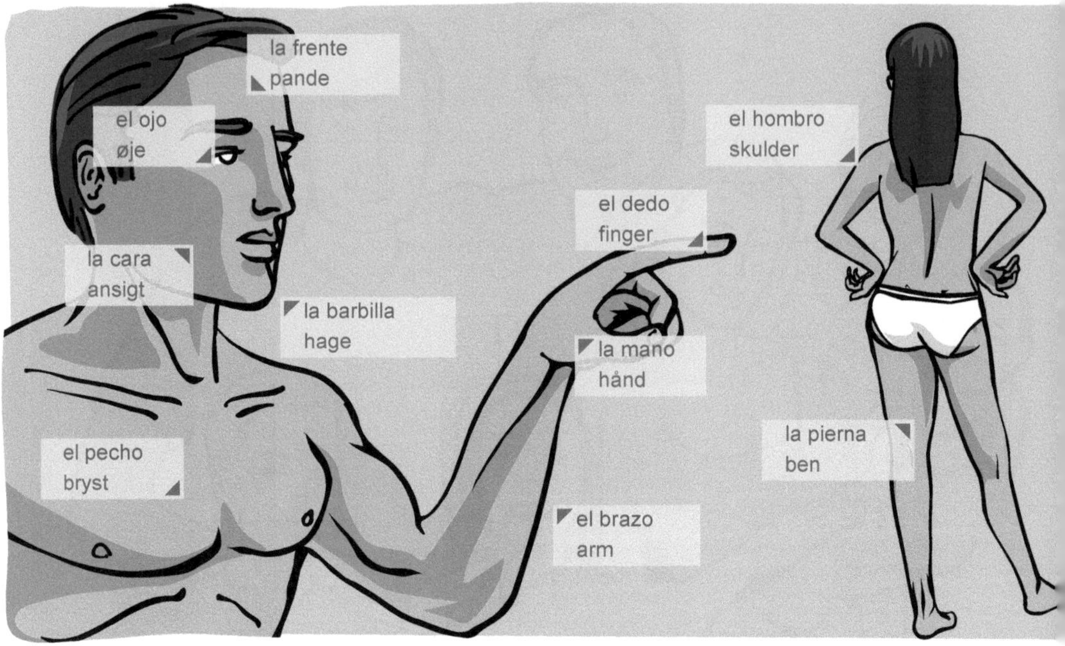

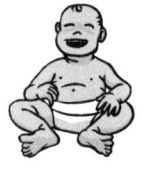

el bebé

baby

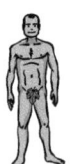

el hombre

mand

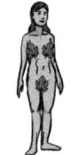

la mujer

kvinde

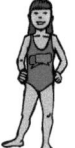

la chica

pige

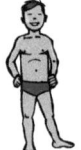

el chico

dreng

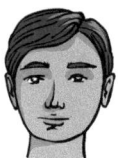

la cabeza

hoved

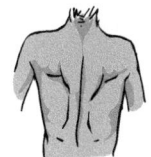

**la espalda**

ryg

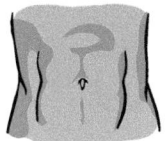

**el vientre**

mave

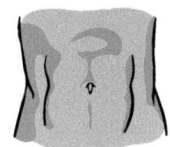

**el ombligo**

navle

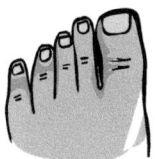

**el dedo del pie**

tå

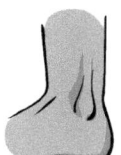

**el talón**

hæl

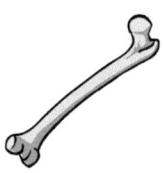

**el hueso**

knogle

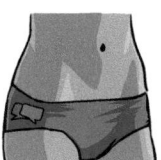

**la cadera**

hofte

**la rodilla**

knæ

**el codo**

albue

**la nariz**

næse

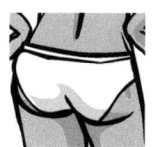

**el trasero**

bagdel

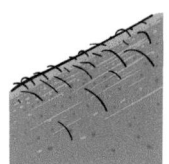

**la piel**

hud

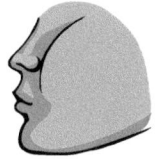

**la mejilla**

kind

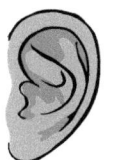

**el oído**

øre

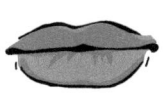

**el labio**

læbe

la boca

mund

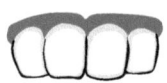

el diente

tand

la lengua

tunge

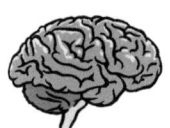

el cerebro

hjerne

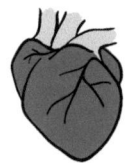

el corazón

hjerte

el músculo

muskel

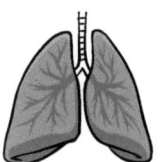

el pulmón

lunge

el hígado

lever

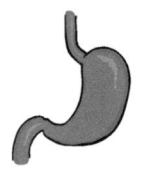

el estómago

mavesæk

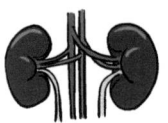

los riñones

nyrer

el sexo

sex

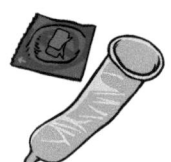

el condón

kondom

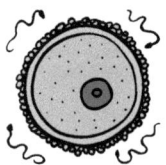

el ovario

ægcelle

el semen

sperm

el embarazo

svangerskab

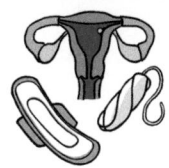

la menstruación

menstruation

la vagina

vagina

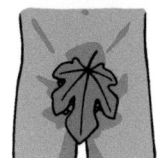

el pene

penis

la ceja

øjenbryn

el pelo

hår

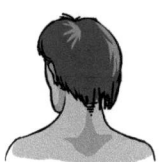

el cuello

hals

# el hospital
# sygehus

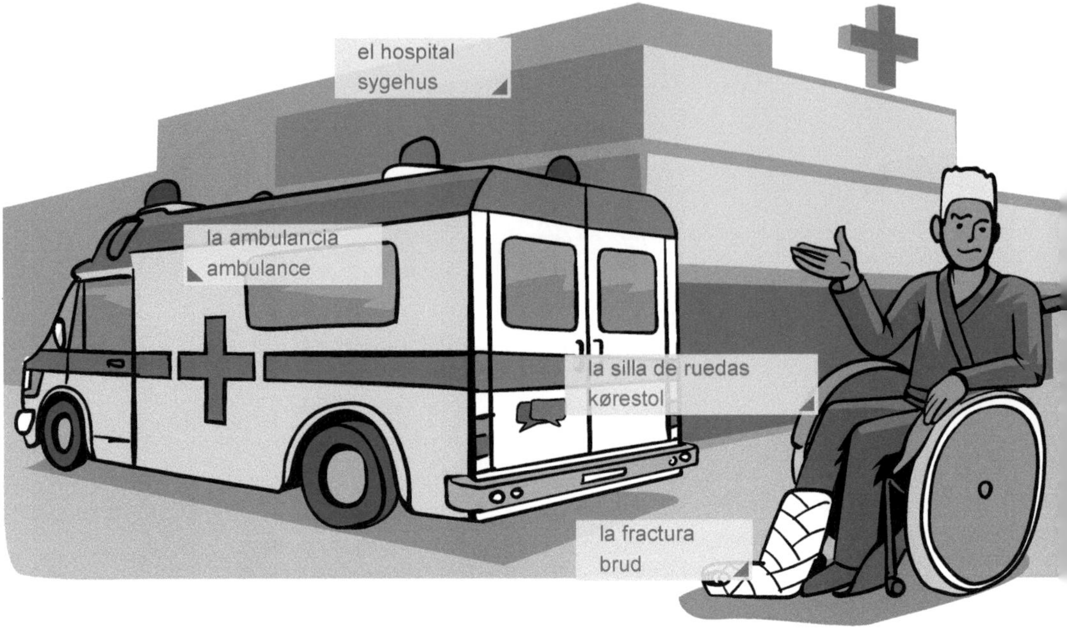

el hospital
sygehus
la ambulancia
ambulance
la silla de ruedas
kørestol
la fractura
brud

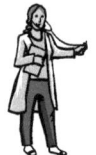

el médico

læge

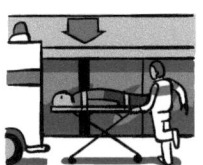

la sala de urgencias

akutmodtagelse

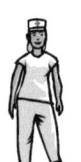

la enfermera

sygeplejerske

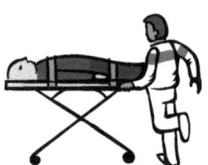

la urgencia

nødstilfælde

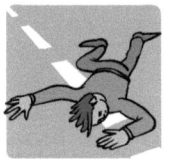

inconsciente

bevidstløs

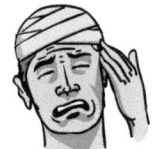

el dolor

smerte

la lesión

skade

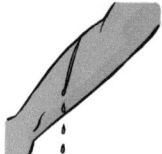

la hemorragia

blødning

el infarto

hjerteinfarkt

el ictus

slagtilfælde

la alergia

allergi

la tos

hoste

la fiebre

feber

la gripe

influenza

la diarrea

diarré

el dolor de cabeza

hovedpine

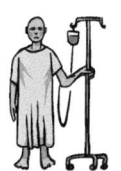

el cáncer

kræft

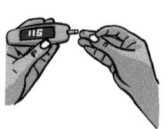

la diabetes

diabetes

el cirujano

kirurg

el bisturí

skalpel

la operación

operation

TAC

CT

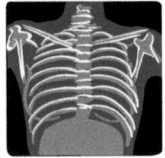

los rayos x

røntgen

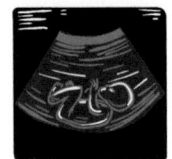

el ultrasonido

ultralyd

la mascarilla

maske

la enfermedad

sygdom

la sala de espera

venteværelse

la muleta

krykke

la tirita

plaster

la venda

forbinding

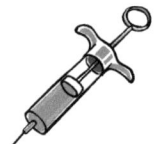

la inyección

injektion

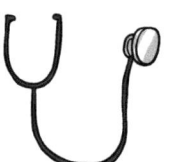

el estetoscopio

stetoskop

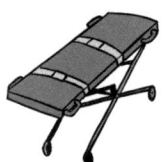

la camilla

båre

el termómetro

termometer

el nacimiento

fødsel

el sobrepeso

overvægt

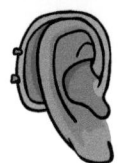

el audífono

høreapparat

el desinfectante

desinficerende middel

la infección

infektion

el virus

virus

VIH / SIDA

HIV / AIDS

la medicina

medicin

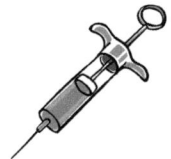

la vacunación

vaccination

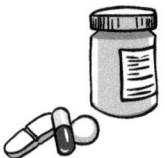

las tabletas

tabletter

la pastilla

pille

la llamada de urgencia

nødopkald

el tensiómetro

blodtryksmåler

enfermo / sano

syg / rask

¡Socorro!

Hjælp!

la alarma

alarm

el asalto

overfald

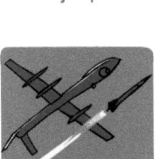

el ataque

angreb

el peligro

fare

la salida de emergencia

nødudgang

¡Fuego!

Det brænder!

el extintor de incendios

ildslukker

el accidente

uheld

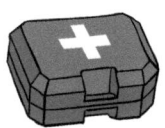

el botiquín de primeros
auxilios

førstehjælps-kuffert

SOS

SOS

la policía

politi

Europa

Europa

Norteamérica

Nordamerika

Sudamérica

Sydamerika

África

Afrika

Asia

Asien

Australia

Australien

el atlántico

Atlanterhavet

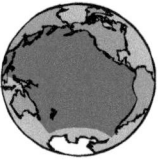

el Pacífico

Stillehavet

el Océano Índico

Indiske Ocean

el Océano Antártico

Sydlige Ishav

el Océano Ártico

Ishav

el polo norte

Nordpol

el polo sur

Sydpol

La Antártida

Antarktis

la tierra

Jorden

la tierra

land

el mar

hav

la isla

ø

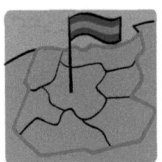

la nación

nation

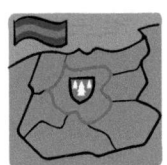

el estado

stat

la esfera

urskive

la manecilla de las horas

timeviser

el minutero

minutviser

el segundero

sekundviser

¿Qué hora es?

Hvad er klokken?

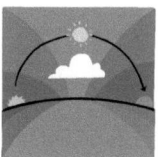

el día

dag

el tiempo

tid

ahora

nu

el reloj digital

digitalur

el minuto

minut

la hora

time

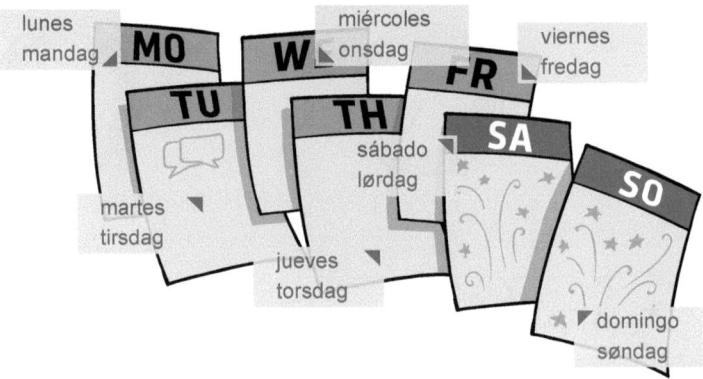

lunes
mandag

miércoles
onsdag

viernes
fredag

martes
tirsdag

sábado
lørdag

jueves
torsdag

domingo
søndag

ayer

i går

hoy

i dag

mañana

i morgen

la mañana

morgen

el mediodía

middag

la tarde

aften

| MO | TU | WE | TH | FR | SA | SU |
|----|----|----|----|----|----|----|
| 1 | 2 | 3 | 4 | 5 | 6 | 7 |
| 8 | 9 | 10 | 11 | 12 | 13 | 14 |
| 15 | 16 | 17 | 18 | 19 | 20 | 21 |
| 22 | 23 | 24 | 25 | 26 | 27 | 28 |
| 29 | 30 | 31 | 1 | 2 | 3 | 4 |

los días laborables

arbejdsdage

| MO | TU | WE | TH | FR | SA | SU |
|----|----|----|----|----|----|----|
| 1 | 2 | 3 | 4 | 5 | 6 | 7 |
| 8 | 9 | 10 | 11 | 12 | 13 | 14 |
| 15 | 16 | 17 | 18 | 19 | 20 | 21 |
| 22 | 23 | 24 | 25 | 26 | 27 | 28 |
| 29 | 30 | 31 | 1 | 2 | 3 | 4 |

el fin de semana

weekend

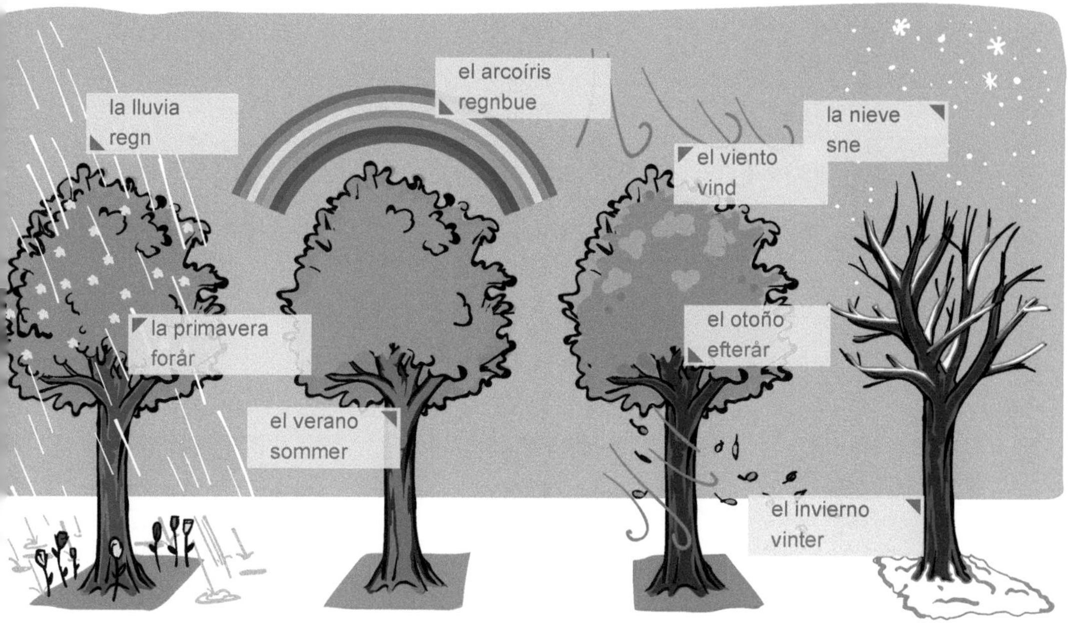

la lluvia
regn
el arcoíris
regnbue
la nieve
sne
el viento
vind
la primavera
forår
el otoño
efterår
el verano
sommer
el invierno
vinter


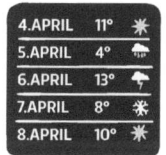

4.APRIL 11°
5.APRIL 4°
6.APRIL 13°
7.APRIL 8°
8.APRIL 10°


el pronóstico del tiempo

vejrudsigt

F C
120 90 60 30 0 -30
40 30 20 10 0 -10 -20


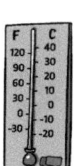

el termómetro

termometer

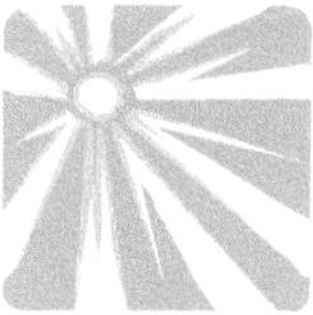

el sol

solskin

la nube

sky

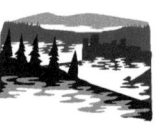

la niebla

tåge

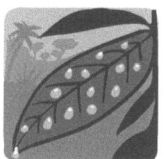

la humedad

luftfugtighed

el rayo

lyn

el trueno

torden

la tormenta

storm

el granizo

hagl

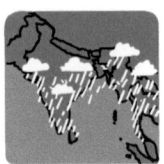

el monzón

monsun

la inundación

flod

el hielo

is

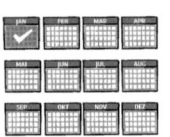

enero

januar

febrero

februar

marzo

marts

abril

april

mayo

maj

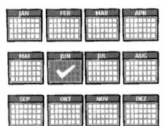

junio

juni

julio

juli

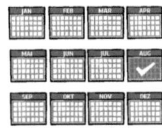

agosto

august

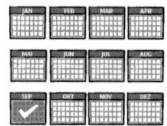

septiembre
...................
september

octubre
...................
oktober

noviembre
...................
november

diciembre
...................
december

## las formas
## former

el círculo
...................
cirkel

el cuadrado
...................
kvadrat

el rectángulo
...................
firkant

el triángulo
...................
trekant

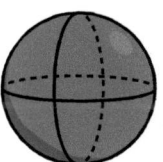

la esfera
...................
kugle

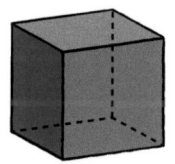

el cubo
...................
terning

blanco

hvid

amarillo

gul

anaranjado

orange

rosa

pink

rojo

rød

morado

lilla

azul

blå

verde

grøn

marrón

brun

gris

grå

negro

sort

mucho / poco

meget / lidt

enojado / tranquilo

rasende / fredelig

bonito / feo

smuk / grim

principio / fin

begyndelse / slut

grande / pequeño

stor / lille

claro / oscuro

lys / mørk

el hermano / la hermana

bror / søster

limpio / sucio

ren / snavset

completo / incompleto

fuldkommen / ufuldkommen

el día / la noche

dag / nat

muerto / vivo

død / levende

ancho / estrecho

bred / smal

comestible / no comestible

spiselig / uspiselig

malo / amable

vred / venlig

entusiasmado / aburrido

ophidset / kedet

gordo / delgado

tyk / tynd

primero / último

først / sidst

el amigo / el enemigo

ven / fjende

lleno / vacío

fuld / tom

duro / blando

hård / blød

pesado / ligero

tung / let

el hambre / la sed

sult / tørst

enfermo / sano

syg / rask

ilegal / legal

illegal / legal

inteligente / tonto

intelligent / dum

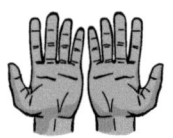

izquierda / derecha

venstre / højre

cerca / lejos

nær / fjern

nuevo / usado
ny / brugt

nada / algo
intet / noget

viejo / joven
gammel / ung

encendido / apagado
tændt / slukket

abierto / cerrado
åben / lukket

silencioso / ruidoso
stille / højt

rico / pobre
rig / fattig

correcto / incorrecto
rigtig / forkert

áspero / suave
ru / glat

triste / contento
ked af det / lykkelig

corto / largo
kort / lang

lento / rápido
langsom / hurtig

húmedo / seco
våd / tør

cálido / frío
varm / kold

guerra / paz
krig / fred

los opuestos - modsætninger

| **0** | **1** | **2** |
|:---:|:---:|:---:|
| cero | uno | dos |
| nul | en | to |

| **3** | **4** | **5** |
|:---:|:---:|:---:|
| tres | cuatro | cinco |
| tre | fire | fem |

| **6** | **7** | **8** |
|:---:|:---:|:---:|
| seis | siete | ocho |
| seks | syv | otte |

| **9** | **10** | **11** |
|:---:|:---:|:---:|
| nueve | diez | once |
| ni | ti | elleve |

## 12
doce

tolv

## 13
trece

tretten

## 14
catorce

fjorten

## 15
quince

femten

## 16
dieciséis

seksten

## 17
diecisiete

sytten

## 18
dieciocho

atten

## 19
diecinueve

nitten

## 20
veinte

tyve

## 100
cien

hundrede

## 1.000
mil

tusinde

## 1.000.000
el millón

million

los números - tal

el inglés

engelsk

el inglés americano

amerikansk engelsk

el chino madarín

kinesisk mandarin

el hindi

hindi

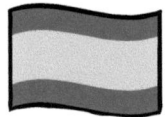

el español

spansk

el francés

fransk

el árabe

arabisk

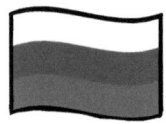

el ruso

russisk

el portugués

portugisisk

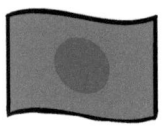

el bengalí

bengalsk

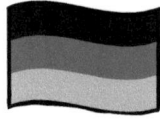

el alemán

tysk

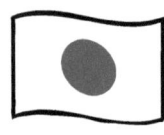

el japonés

japansk

yo
jeg

tú
du

él / ella / ello
han / hun / den / det

nosotros/as
vi

vosotros/as
I

ellos/as
de

¿quién?
hvem?

¿qué?
hvad?

¿cómo?
hvordan?

¿dónde?
hvor?

¿cuándo?
hvornår?

el nombre
navn

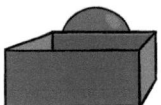

detrás

bag

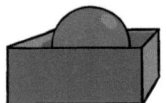

en

i

delante de

foran

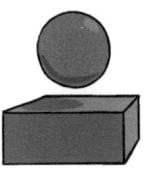

por encima de

over

sobre

på

debajo de

under

junto a

ved siden af

entre

imellem

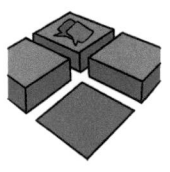

el lugar

sted